学汉语分级读物

④

Chǔguó de Gùshi

楚国的故事

第3级

历史故事

陈贤纯 编著

北京语言大学出版社
BEIJING LANGUAGE AND CULTURE UNIVERSITY PRESS

图书在版编目（CIP）数据

楚国的故事 / 陈贤纯编著 . — 北京 ：北京语言大学出版社，2017.9

（学汉语分级读物 . 第 3 级：历史故事）

ISBN 978-7-5619-5068-5

Ⅰ. ①楚… Ⅱ. ①陈… Ⅲ. ①汉语－对外汉语教学－语言读物 Ⅳ. ① H195.5

中国版本图书馆 CIP 数据核字 (2017) 第 228535 号

楚国的故事

CHUGUO DE GUSHI

责任编辑：王 轩 张 莹　　封面制作：西吉文化
插图绘制：北京冰河插画工作室 西吉文化
排版制作：北京创艺涵文化发展有限公司
责任印制：周 燚

出版发行：北京语言大学出版社
社　　址：北京市海淀区学院路 15 号，100083
网　　址：www.blcup.com
电子信箱：service@blcup.com
电　　话：编 辑 部 8610-82303647/3592/3395
　　　　　国内发行 8610-82303650/3591/3648
　　　　　海外发行 8610-82303365/3080/3668
　　　　　北语书店 8610-82303653
　　　　　网购咨询 8610-82303908
印　　刷：北京京华虎彩印刷有限公司

版　　次：2017 年 9 月第 1 版
印　　次：2017 年 9 月第 1 次印刷
开　　本：850 毫米 × 1168 毫米 1/32　　印　　张：3. 375
字　　数：55 千字　　定　　价：29.00 元

PRINTED IN CHINA

编写说明

这是什么书?

这是为学汉语的人写的课外读物，有民间故事、文学故事、历史故事 3 个部分，一共有 50 本。

谁读这些书呢?

第一，学汉语的外国人。第二，生活在海外的华人子女。第三，中国国内学汉语的少数民族学生，甚至包括中国的小学生。

这些书有意思吗？难不难?

1. 这些书讲的故事很有意思，有很多中国文化的内容。你们在学习汉语的同时，也能了解中国文化。

2. 故事很容易懂。

我们把这些书分为 3 个等级：

级别	内容	册数	汉字量
第 1 级	民间故事	10 本	500 字
第 2 级	文学故事	20 本	800 字
第 3 级	历史故事	20 本	1200 字

第 1 级是最容易的，10 本书都是中国的民间故事。只要认识 500 个最常用的字，不用查词典，就能轻松读懂这 10 本书。

第 2 级有 20 本书，都是中国古代最有名的小说里的故事，认识 800 个汉字的人可以读懂。小说本来是很难的，可是我们讲得很简单，很容易懂。

第3级也有20本，认识1200个汉字的人可以读懂。这里讲的历史故事发生在2000多年前的中国。为什么给你们看过去的故事？因为文化是从过去来的，看看2000多年前的故事，才能真正知道中国人现在为什么这样想，为什么这样做。

每一本书都只有很少的字比较难，这些字有拼音，有插图，有说明，可以帮助你们读懂。

3. 每一本书都只有2～3万字，很快就可以读完一本，阅读会成为一件轻松、快乐的事。

4. 这套书一共有50本，很多，内容很丰富。读完这50本书，你们不但能了解中国文化，而且再也不会觉得中文难读懂了。

怎么样？快打开书，读一读这些有意思的故事吧！

关于历史故事

跟民间故事和文学故事不同，历史故事是真实的，是以前发生过的事。

这 20 本历史故事，选自公元前 770 年到公元前 202 年的历史。以《左传》《史记》《国语》《战国策》等历史记载为根据，只在细节上有一些连接和想象。

中国的历史很长，故事很多，为什么只选这一段时间？

因为这段时间，正是春秋战国到秦朝末年，这是一个乱世，乱世故事多。

这段时间也是中华民族文化大发展的时候。

中国文化的很多思想来自这个时期，很多故事来自这个时期，很多成语来自这个时期。

这个时期是中国文化的源头。

要了解中国，必须了解中国文化。

要了解中国文化，就不能不了解春秋战国时期的历史。

“历史故事系列”每一本都有一个编号，编号是根据大致的时间先后编排的，年代较远的在前，年代较近的在后。读者可以根据编号的先后阅读。

故事简介

楚国在南方，公元前 11 世纪，熊绎被周成王封在楚。他带着全族的人，在那儿开荒种地，辛苦劳动。经过几百年的努力，楚国渐渐强大。

公元前 704 年，熊通成为楚王。后来楚成王和令尹子文使楚国更加强大，能跟北方齐国和晋国争霸。

楚庄王用孙叔敖当令尹，发展经济，打败晋国，称霸诸侯。可是后来屈原为什么被流放了呢？

目　录

蛮夷之地

楚国是春秋战国时的一个大国。

楚国王族的祖先是黄帝的子孙（sūn）。公元前11世纪，楚人的首领鬻（yù）熊（xióng）为周文王效（xiào）力。

到了周成王时期，鬻熊的后代熊绎（yì）被封在楚，爵（jué）位是子爵。由此，楚国建立。

爵位高低是这样的：公、侯（hóu）、伯（bó）、子、男。最高的是公爵，最低的是男爵。子爵是等级较低的爵位。

人们把黄河中下游一带称为中原，这一带开发得比较早，人口比较多，经济也比较发达。

楚这地方并不大，那时候还没有开发，很偏远，很荒凉，根本不能算是一个好地方。

虽然那不算一个好地方，可是现在也是一方诸侯（zhūhóu）了。所以熊绎还是带着全族的人，高高兴兴地到那里去了。

他们把都城定在丹（dān）阳。

这地方真荒凉啊。到处都是荒山，到处都是长得乱七八糟的小树，还常常有野兽（shòu）出来。

没有路，没有田地，没有房子，没有人烟。

蛮夷 mán yí　蛮，古代称南方的民族。夷，古代称东方的民族，也泛称周边的民族。

效力 xiàolì　为…工作，为……出力。

诸侯 zhūhóu　这里指周天子下面的小国国君。

熊绎带领着全族的人开始了辛苦的创（chuàng）业。

《左传》中说：“昔（xī）我先王熊绎辟（pì）在荆（jīng）山，筚（bì）路蓝（lán）缕（lǚ），以处草莽（mǎng），跋涉（báshè）山林，以事天子。”

意思是：以前，我们的先王熊绎，在荆山砍小树开荒，驾着柴车，穿着破衣服，在荒草中行走，爬山过水，为天子办事。

“筚路蓝缕”这个成语就是从这里来的，“筚路”意思是柴车，“蓝缕”意思是破衣服。现在用这个成语，来形容创业的辛苦。

楚国从熊绎以后300年时间里，十几代国君（jūn）都过着艰（jiān）苦奋斗的日子。国君带领大家开荒种地，跟大家一起劳动。

以后的楚国国君，常常用先王艰苦创业的事教育（yù）人民，以此团结大家，鼓舞士气。

他们劝告民众，说：“民生在勤（qín），勤则（zé）不匮（kuì）。”

意思是说，过日子最重要的是勤劳努力，只要勤劳努力就什么都不会缺。

真的是这样。渐渐地，他们的日子好起来了，国

创业　chuàngyè　开始做重大的事业。
勤　qín　工作努力。
匮　kuì　缺少。

家也强大起来了。

日子好过了，楚国人并没有满足。他们希望更加强大。

当时楚国的周围还有不少小国，这些小国力量很小。楚国人对他们发动战争，把他们的土地并入楚国。每灭一国，就叫这国的贵族搬到楚国的后方，严加看管。

楚国对这些国家的人民很好，没有看不起他们，还能够起用他们中有才能的人参加国家管理。

正因为这样，楚国才能够得到当地各民族的拥护(yōnghù)，这些小国的人民很快就变成了楚国人。楚国人不断强化他们的国家认同感，激发他们的爱国主义精神。

楚国渐渐发展强大起来了，楚国的发展是多民族融（róng）合的结果。

比起中原国家来，楚国发展容易得多。中原的土地好是好，可是一个国家紧挨着一个国家，没有扩大的可能。而且在周王室强大的时候，没有人敢侵略(qīnlüè)别国。

楚国可以向东、西、南三个方向发展。经过300

拥护 yōnghù 表示同意，认为这样很好。
融合 rónghé 几种不同的事物合成一体。
侵略 qīnlüè 派军队到别国去，占领别国领土。

多年的时间，它由原来的一个小国，发展成为一个有千里之地的大国。

在这300多年的时间里，楚国人一门心思地开荒种地，扩张领土，已经忘了自己的上面还有一个周王室。本来他们应该每年都到周王室那里去请安，并且把自己的好东西献给周王。

可是他们没有。在很多年时间里，楚国跟周王室没有来往。

周王室呢，也根本没把楚国当一回事。楚国离首都那么远，那儿怎么样了，周王懒得去管，连问都不想问。

那种落后荒蛮的地方，还能怎么样?

楚国一直在独立地发展着。后来楚国的领土扩张到了长江南北，连原来吴（wú）国、越国的土地也并入了楚国。楚国成为当时最大的国家。

可是周王室和中原诸侯还是看不起他们，认为楚国不过是一个蛮夷国家。

公元前886年，熊渠（qú）当了楚国国君。那时楚国的领土已经扩大了很多，熊渠觉得自己的力量很强大，而当时周王室已经比较弱了。

楚国有那么大的地方，可是爵位只是一个子爵，跟中原的那些小国比起来，排位要排在最后。熊渠越想越觉得不服气。

他想，本来我们跟周朝也没什么关系，干脆（cuì）脱离周朝，自己称王！

有一天，熊渠说："我蛮夷也，不与（yù）中国之号谥（shì）。"

意思是：我们是蛮夷国家，不接受周朝的封号。这里"中国"的意思是中原国家，也就是指周朝。

既然你们看不起我们，说我们是蛮夷，那我们就是蛮夷，跟你们不一样，干脆自己称王。而且他把他的三个儿子分封到各地，也称王。

不过，后来他还是因为害怕周王室联合诸侯来打他，主动放弃了称王。

这一次称王失败了。

时间又过了 100 年，当时的国君熊眴（shùn）死了。按楚国的规定，应该是他的大儿子当国君。

可是有人不服，那就是熊眴的弟弟熊通。

熊通觉得自己的才能比大哥的儿子强得多，为什么让那小子当国君！于是他杀了他的大侄（zhí）子，在公元前 740 年当了楚国国君。

熊通确实很有能力，他带领军队东征西战，使楚国又强大了不少。

当了多年国君后，熊通对楚国国大爵小的情况很

干脆 gāncuì 不再想别的办法，做最直接的决定。

不满意，认为自己的先祖鬻熊是周文王的老师，有帮助文王推翻商朝、建立周王朝的功劳，只因为死得早，因此仅仅得到子爵的爵位，这太不合理了。

本来他想要求周王提高楚国的爵位，可是这么多年跟周王室没有什么来往，现在突然要求提高爵位，周王会答应吗?

即使答应，也可能只提高一级，升到伯爵，那还是很低，压根儿没什么意思。熊通连公爵、侯爵什么的也看不上。

“干脆，不跟他们干了。我自己称王，跟周朝平起平坐！你们别说我楚国是你周朝的一部分。”熊通这样想。他的想法跟祖先熊渠一样。

僭越称王

“主公，别着急。”有一个人拦住了他。

说话的是令尹（yǐn）斗伯比（Dòu Bóbǐ）。

令尹是楚国最大的官，在别国一般都叫相国或者丞（chéng）相，相当于现在的总理。斗姓是楚国的公族，在楚国势力强大。

“怎么？你反对？”熊通很不高兴。

斗伯比说：“不是，我不反对。不过，主公您想一想，先君熊渠曾经称过王，可是后来为什么又放弃了呢？”

“那时候楚国还不够强大，现在我们已经强大得多了。”

“对。所以您这次称了王，就不能再放弃了。”斗伯比说。

“那你说怎么办？”熊通问道。他觉得斗伯比一定想好了办法。

“我觉得，完全脱离周朝并不好。我们应该派人去跟周王说，让他同意您称王，这样我们还是周朝的臣（chén）民。”

“他肯定不答应。”熊通说。

“他不答应，您再称王。这样，道理就在我们这边，谁叫他不同意来着？”斗伯比说。

“那派谁去说呢？恐怕没有人愿意去。”熊通说。

僭越　jiànyuè　做事说话超出自己的身份地位。

“可以叫我们北边的随国国君去，他是周朝的王族，又是侯爵。”

“随国人根本看不起我们楚国人，这么多年来跟我们没有什么来往。我叫他去，他就去呀？”熊通觉得这不可能。

“如果他们不同意，我们就打他们。把他们打服了，我们再提出这样的要求。”斗伯比说。

好！随国是一个小国，军队不多，打败他们并不难。

公元前706年，熊通亲自带领大军去攻打随国。

听说楚国带兵来攻打，随国人非常气愤。

“我招（zhāo）你了吗？为什么来打我们？”随国人责问道。

“我们是蛮夷。”这次熊通不讲理了，他干脆自己叫自己“蛮夷”，“现在诸侯们互相侵略，杀来杀去。我楚国也有军队，也想介入到中原去，请王室提升楚国的爵位，同意楚国为王。”

“那你应该去找周王室呀，来打我干吗？”

“我就是请你去说，你要是不去，我就打。”熊通摆出一副不讲道理的样子来。

随国人气坏了：“这种事周王能同意吗？我为什么

招　zhāo　做让对方生气的事。

要去自找倒霉（dǎoméi）呀，没门儿！”

于是双方打了起来。

当然，随国打不过楚国。

楚国人是有准备的，而且楚军确实比随军强大得多，人数又多。随军被打得大败，逃回了城里。

为了自己国家的生存（cún），随国国君只好忍受屈辱（qūrǔ），答应替熊通去见周王。

他见到周王以后，说楚国人要当王，请周王批准。

周王听了大怒，骂道：“混蛋！天底下只能有一个王，怎么能有两个王呢？他楚国人要翻天了吗？这种无理要求你也替他来说。你脑子有病，是不是？”

随侯被痛骂一顿后，灰头土脸地回来了，告诉熊通：周王不同意！

熊通心里很不高兴，说道：“你不同意，我就自己称王了。”

公元前 704 年，熊通自称为王，他就是楚武王。

当了楚王，熊通请南方的那些小国诸侯来开会。

大家都害怕楚国，不敢不来。只有黄国和随国的国君没有来。

黄国离得比较远，还可以原谅。随国就在附近而

倒霉　dǎo méi　碰到坏事。
生存　shēngcún　活下去，不死亡。
屈辱　qūrǔ　受到欺负、侮辱，受到很丢面子的对待。

不来，分明是看不起楚国。

开完会后，楚武王一面派人去责备黄国国君，一面兴师去攻打随国。随军又一次大败，随侯落荒而逃。

楚武王没有灭掉随国，让随侯表示愿意悔改，然后跟楚国结盟（méng）。

随国打不过楚国，为了生存下去，只好忍气吞（tūn）声。从此，再也不敢跟楚国对着干了。

楚武王后期，楚国确立了在汉东的霸（bà）主地位。

公元前690年，熊通死了。他在位51年。

熊通的儿子熊赀（zī）当了楚王，他就是楚文王。

熊通对儿子抱有很大的希望。熊赀小时候，熊通就从国外请来一个老师教儿子。老师名字叫保申（shēn），很有学问，人品也好。

熊赀当国君的时候已经是中年了，他做的第一件事就是把国都搬到了郢（yǐng）。郢在哪里？在现在湖北江陵（líng）附近。

竹子 zhúzi

据《吕（lǚ）氏（shì）春秋》说，楚文王一开始并不是一个好国君。

一次，楚文王得到一只非常好的狗和一种长而直的

忍气吞声 rěnqì-tūnshēng 虽然很生气，但是忍着，不说话。

竹（zhú）子。他让人把这些竹子做成箭，带着狗去打猎（liè），一去三个月都不回来。

后来他又得到了一个丹阳美女，从此就天天跟美女混在一起，整整一年不上朝，不管国家的事情。

大臣们多次劝他，他都不听。大家都很着急。

他的老师保申找到他，说："先王让我做你的老师，占卜（zhānbǔ）的结果很好。所以先王临死的时候，要求我尽最大的努力帮助你，让你做一个好国君。可是，大王即位以来，去打猎三个月都不回来，得到美女一年都不上朝，大臣们劝你，你都不听。按照先王的法度，你没有尽到国君的责任，是有罪（zuì）的。"

"那怎么样？"楚文王说。

"你必须受鞭刑（biānxíng）。"保申说。"鞭"是一种打马、打人的工具。

"你要打我？"楚文王没想到，当了国君还要挨打。

"是的。看见了吧，这是先王给我的鞭子，是用来打你的。"保申老师不知从什么地方拿出一根用几根细树枝（zhī）绑（bǎng）在一起的鞭子。

真的要挨打呀，文王大吃一惊，说："老师，我不是小孩子了，已经当了国君。我答应改过还不行吗？就不要挨打了吧！"

打猎　dǎ liè　去山里打野猪等动物。

占卜　zhānbǔ　问一问老天，这么做好还是不好。

保申板着脸，说："我受命于先王，不敢违背（wéibèi）。大王如果不受罚（fá），那我就是违背先王之命了。我宁（nìng）愿得罪大王，也决不得罪先王。"

说着，他拉过一张席（xí）子来，让楚文王趴（pā）在席子上。

楚文王没有办法，只好趴在席子上。

保申在他身边跪了下来，然后高高地举起手中的鞭子，轻轻地放下，落到文王的背上。

这样打了两下，保申说："请大王起来吧。"

文王趴在席子上的时候，是准备真的挨打的，不明白为什么还没有打就叫他起来了，于是问道："什么？打完了吗？"

"打完了。"

"可是我一点儿也不疼啊。这样受罚跟不受罚有什么两样？干脆，你真的打我一顿得了。"

保申听了，感到很痛心，对文王说："我听说君子受鞭刑是为了让他感到羞耻（xiūchǐ），小人受鞭刑是为了让他感到疼痛。现在大王不以为耻，即使打痛了也没什么用。"

违背 wéibèi 没有按照规定去做。
得罪 dézuì 使别人不高兴。
羞耻 xiūchǐ 感到丢脸。

保申快步走出门去，说要跳河自杀。

文王赶快认错，说：“这是我的过错，我改，我改。老师有什么罪呢？”他让人赶快把老师请回来。

当着老师的面，他叫人马上去杀死那条狗，折(zhé)断那些箭，打发走了美人。

从那以后，楚文王真的改了。

不过，他对发展经济仍然没有兴趣（xìngqù），而是热心于战争。公元前688年，他带领楚军去灭申国。申国是一个小国，那时候，弱小国家最后都会被灭。

可是申国跟楚国并不挨着，中间隔着邓（dèng）国。楚军必须向邓国借路。

邓国也是一个小国，不敢拒绝楚国。况且，两国还有亲戚关系，楚文王的母亲是邓国国君的姐姐。

所以，借路的事很顺利。邓国国君还设宴欢迎楚文王经过邓国。

邓国的大臣悄悄地跟国君说：“这个楚王不是什么好人，将来让邓国灭亡（mièwáng）的，一定是他。不如趁现在这个机会杀了他，要不然您一定会后悔。”

邓侯没有听他们的话，说：“他是我姐姐的孩子，我怎么能杀他？”

兴趣 xìngqù 喜欢做的事。
灭亡 mièwáng 国家不再存在。

其实他心里知道，大臣们的话有道理。可是，如果现在杀了楚王，邓国会灭亡得更快。

楚文王灭掉了申国。申国的国君和大臣都成了俘虏（fúlǔ）。

有人告诉楚文王，申国大臣中有一个叫彭仲爽（Péng Zhòngshuǎng）的，是一个很有才能的人。

“是吗？”楚文王高兴了，“我正好缺一个有才能的令尹。”

楚文王并没有因为彭仲爽是一个俘虏就看不起他，而是叫他当了楚国的令尹。让一个外国俘虏当自己国家的令尹，楚文王真的很渴望人才。

楚文王并没有因为跟邓国有亲戚关系，就客气一些。十年之后，他灭掉了邓国。

公元前684年，楚文王发兵去打蔡（cài）国，俘虏了蔡国国君。

因为息国国君的夫人非常漂亮，楚文王又灭掉了息国，把息夫人抢过来做了自己的夫人。这家伙真不是一个好人。

息夫人现在变成了文夫人，为他生了两个儿子。大儿子叫熊艰（jiān），二儿子叫熊恽（yùn）。

文夫人喜欢小儿子，小儿子很聪明，很大度，像

俘虏　fúlǔ　打仗时被抓住的敌人。

个做大事的人。可惜小儿子当不了国君。

公元前677年，楚文王死了。大儿子熊艰当了楚国国君，那时候他还很小，只有6岁。这么点儿大的小孩儿，当然不懂得管理国家，国家大事全由大臣们决定。

过了5年，熊艰渐渐长大，有11岁了。他弟弟熊恽也有10岁了。两兄弟一对比，人人都能看出来，熊恽比熊艰有品德，有才能，更大气，更像一个国君。

有的大臣跟熊艰说："你弟弟熊恽又聪明又能干，将来对你一定很不利，还不如趁早把他杀掉，以后就没有麻烦了。"

于是，熊艰派人去杀熊恽。

文夫人知道了，赶紧让人带着熊恽跑了，跑到了随国。

弟弟跑到了外国，熊艰一时没办法，只好算了，以后有机会再说。

子文治国

文夫人心里非常生气，是谁在背后出主意，让哥哥杀弟弟？本来她就觉得老大品行不好，担心他长大是一个坏人。这一下她更明白了，熊艰长大以后迟早都会杀了弟弟。

她想，要是让老大杀了老二，那不如趁现在老大还小，就把他杀了。

于是文夫人派人到随国，花重金在随国找到一个杀手。杀手悄悄地来到郢都，趁熊艰在外面玩儿的时候，把他杀了。

于是，老二熊恽就当了楚王，那是公元前 671 年。熊恽就是历史上有名的楚成王。

楚国的大臣们明白，楚成王还太小，这时候楚国需要安定。于是楚国停止了对外扩张，尽力与中原诸侯结好。并且派人向周天子进贡（gòng）。

周天子得到楚国送来的礼物，很高兴，回送了几块祭祀（jìsì）用的肉，说道："镇（zhèn）尔（ěr）南方夷越之乱，无侵中国。"

意思是：你们管好南方那些作乱的夷越人，不要来侵扰中原。这里"中国"是指中原地区。

进贡　jìn gòng　这里指诸侯派人送东西给周天子，表示服从。

祭祀　jìsì　准备食物或其他东西向祖先或神佛行礼，并希望得到他们的保护。

楚成王长大以后，借着周天子这句话，镇压夷越，大力向江南扩张。公元前655年以后，先后灭掉了几十个小国，楚地国界扩展了千里。

楚文王死了以后，文王的弟弟子元当了令尹。

可是，到楚成王15岁的时候，令尹子元作起乱来。

文夫人请斗谷於菟（Gòuwūtú）杀死了子元。

谁来当令尹呢？

大臣们都推荐斗谷於菟当令尹。他们说："现在楚国最大的敌人是齐国。齐桓（huán）公有管仲（zhòng）为相，国家很强大。楚国想要强大起来，跟齐国对抗，非斗谷於菟不可。"

于是斗谷於菟当了令尹。

他为什么叫"斗谷於菟"这样奇怪的名字？

"斗"是他的姓，斗姓是楚国的王族。"谷於菟"是他的名字。中国人的名字都是一个字或者两个字，他怎么三个字呢？

楚国人把喂孩子吃奶叫"谷"，把老虎叫作"於菟"。所以，"谷於菟"这个名字的意思是"老虎喂奶"。

老虎给他喂过奶吗？

斗谷於菟的爷爷死得早，奶奶带着他父亲斗伯比住在娘家。奶奶的娘家在郧（yún）国，那时候郧国国君是她的哥哥。

那时斗伯比很年轻，不到20岁。小伙子长得很帅（shuài），而且很有才能，很讨女孩子喜欢。

郧国国君有一个女儿，跟斗伯比年龄差不多，两个人天天在一起，当然就恋（liàn）爱了，不久姑娘就怀（huái）了孕（yùn）。

还没有结婚就怀孕，这是很丢脸的事。所以母亲悄悄地把女儿藏了起来。后来在五月五日那天，姑娘生了一个儿子。

当时的人认为，五月五日是一个不好、不吉利的日子，再说两个年轻人又没有结婚，这孩子不能要。

于是姑娘的母亲一狠（hěn）心，让人把孩子扔到了山里。

这一天，正好郧国国君去打猎。到了山里远远地看到了一只老虎，就拿起箭来射，可是射了好几箭都射不着。

这是怎么回事儿？以前他的箭法没这么差呀。

走近一点儿仔细（zǐxì）一看，那老虎正在喂奶呢，喂的不是小老虎，竟是一个孩子。

这一下可把他吓坏了，他赶紧回家。

回到家里跟夫人说起这件怪事，心里还想不明白，

帅　shuài　小伙子长得很漂亮。
怀孕　huái yùn　女人肚子里有孩子了。

老虎怎么会给一个孩子喂奶呢？

夫人听了，当时就哭了起来。

“你哭什么呀？”国君问道。

“你不知道，老虎喂的那孩子是我们的外孙。”夫人一边哭一边把两个年轻人的事告诉了国君。

郧国国君一听，急忙带着士兵到山里去，赶走老虎，把孩子抱了回来。夫人一看，果然是自己的外孙，那衣服还是自己给他穿上的呢！

这一下大家都知道了，这孩子不得了，连老虎都给他当奶妈，将来一定是一个了不起的人。

于是郧国国君赶紧让两个年轻人结婚，给他们举行了婚礼。

既然这样，这孩子就叫斗谷於菟吧。

斗谷於菟长大了，果然是一位能文能武、有才有德、很了不起的人，受到大家的尊敬。

楚成王也很尊敬他，称他为子文，因为斗谷於菟的字叫子文。

子文当了令尹后，马上就发现国库（kù）里空空的，一点儿钱都没有了，连大臣们的薪俸（xīnfèng）也发不出来。

怎么办呢？大家都眼巴（bā）巴地看着子文想办法。

薪俸　xīnfèng　工资，给大臣们的钱。

原来，楚文王的时候只顾打仗，不管发展经济，国家已经很穷了。文王死后，接着是熊艰、熊恽当国君，这两个孩子哪里懂得发展经济？所以，到子文当令尹的时候，国家已经穷得叮（dīng）当响，遇到经济危机了。

怎么办？

《左传·庄（zhuāng）公三十年》说："斗谷於菟为令尹，自毁（huǐ）其家，以纾（shū）楚国之难。"意思是：子文当令尹的时候，把自己家里的财（cái）产都拿出来，帮助国家渡过难关。

别人当官都尽可能多地往家里拿钱，可是子文正好相反，刚当令尹，就把家里的钱都拿出来给了国家。子文真是一个了不起的人。

虽然子文是王族，家里财产很多，可是要解决一个国家的困难，即使把家里的财产全部拿出来，也坚持不了多久。

所以，子文马上进行了经济改革（gé），使国家的收入很快有了增加。

以后，子文一直大力整顿楚国经济，为国计民生做出了很大贡献（gòngxiàn）。

改革　gǎigé　改变过去不好的办法，用新的办法。
贡献　gòngxiàn　为国家和老百姓做的重要的好事。

楚国选拔官员有很大的问题。过去都是从贵族中选拔官员，那些有才能并且积极肯干的普通人当不了官。

子文当令尹后，选拔了一大批人品好、有才能的普通人担任各级官员。

国家富了，可是子文自己却很穷。楚成王知道了，每次上朝的时候都特意为子文准备一些肉干和干粮。后来，这成了楚王优待令尹的惯例。

楚成王给子文很高的薪俸，可是每次给子文薪俸的时候，子文都逃走。楚成王没办法，只好算了，把这些钱收回去，去请子文回来。

大家对子文说："人生就是为了追求富贵，您却逃避财富，为什么呢？"

子文说："我当令尹，是为了老百姓。现在还有很多老百姓很穷，要是我当官很有钱，苦了百姓，那么离我的死期就不远了。所以，我这么做，是逃避死罪，而不是逃避财富。"

2600 多年前，子文的思想境界真是高尚（shàng）。

国家有法律（lǜ），治理国家要依据（yījù）法律。这是子文一再对官员们说的话。他自己也尽力这样做。

有一次，有一个人犯了法，被抓了起来。本来应

法律 fǎlǜ 国家对什么事不可以做、做了以后怎么处罚的规定。

该是死刑，可是法官听说他是令尹的族人，想来想去，觉得令尹是这么好的一个人，怎么能把令尹的族人杀了呢？于是就把他放了。

子文听说这件事后非常生气，说：“我掌握一个国家的命运，却让别人以为我有私心，要是让我活着没有道义，不如死了。不给他判（pàn）罪，我就死。“

法官知道自己错了，赶紧把那个人又抓回来，判了死刑。

子文曾经三次当令尹，三次从令尹的职位上退下来。每一次上台，没有觉得高兴。每一次下台，也并没有不高兴。

后来，孔（kǒng）子的学生问孔子：“他为什么能这样？”孔子说：“那是因为忠（zhōng）啊。”

“忠”是说子文一心想的是国家，是民众，而不是自己个人的利益（yì），所以无论上台还是下台，他都不会高兴或者不高兴。

子文当令尹27年，楚国在子文的治理下强大了。南方的小国纷纷归顺（guīshùn）了楚国。

楚国争霸

这时候，齐国在齐桓公和管仲的治理下，越来越强大，已经成了中原各国的盟主。（见本丛书《管仲和齐国的故事》）

实际上当时形成了两个集团，一个是以齐国为首的中原国家集团，另一个是以楚国为首的南方国家集团。

熊恽长大了，他现在是真正的楚成王。他有野心，很想到中原去，跟齐国人较量较量。

于是，楚国出兵攻打郑（zhèng）国。

为什么攻打郑国？因为郑国是齐国的盟国，而且郑国比较小，实力不强，打败他们有把握。

为什么不去打齐国？因为齐国太强大，没有打败的把握。万一被齐国打败，那就糟糕（gāo）了。

楚成王和子文都很小心。

结果郑国被打败，郑国人赶紧向齐国求救。

管仲决定救郑国。他召（zhào）集了八个盟国的军队，由齐桓公亲自带队出发了。可是他们没有去郑国，也没有去攻打楚国，而是去攻打蔡国。

为什么不去救郑国？

因为郑国人守城还能坚持一些日子，不用着急去救。

为什么不去打楚国？

因为管仲不想让楚国早早做好准备。

为什么攻打蔡国？

因为蔡国是楚国北面的一个小国，是楚国的盟国，打败蔡国以后可以突然进攻楚国。

公元前656年春，八国军队打败了蔡国，进入了楚国。

楚成王和子文早就得到了八国军队要进攻楚国的消息，他们并没有害怕。一面集结军队准备迎敌，保卫国家，一面派大夫屈完去路上等着八国军队，准备进行谈判（tánpàn）。

屈完见到管仲，问道："你们在北方，我们在南方，互不相干，没想到你们要进入我们的领土，这是为什么？"

管仲说："从前周天子给我们的国君讨伐（tǎofá）诸侯的权（quán）力，这么多年来你们不向王室进贡包茅（máo）。还有，当年周昭王南巡（xún）没有回去，这是为什么？"

包茅是什么？

是一种草，古代做酒的时候要用到它。周天子要求楚国每年进贡包茅，可是楚国根本没当一回事，很久没有进贡了。

"周昭王南巡没有回去"是怎么回事？

那是很久很久以前的事了。当时的天子周昭王南

大夫　dàfū　国君身边的官。
谈判　tánpàn　双方坐下来，讨论怎么办，怎么解决问题。

巡，船行至汉江上，没想到船坏了，结果他掉进江里淹（yān）死了。管仲把这笔账算到了楚国人的头上。

屈完说："贡品没有交，这是我们的错，以后我们一定交。周昭王没回去，那不赖（lài）我们，他自己掉下去的，你去问汉江水吧。"

两个人谈判没有谈出结果，屈完回去了。不过，他的任务已经完成了，他来谈判就是告诉齐国人：我们早就有准备了，不怕你们。

北方的联军在汉水北岸，楚国的军队在汉水南岸，双方的战车和军队人数差不多。

眼看着一场大战就要开始。

齐桓公和楚成王都想打，可是管仲和子文都不想打。

管仲本来想偷袭（xí）楚国，没想到楚国人早就知道了，并做好了准备。这样，要战胜楚国就不容易了。现在胜负难料，万一失败，齐国的盟主地位就完了。所以他很小心，想找一个体面的理由撤（chè）军回去。

楚国的令尹子文也不想打仗。齐国很强大，即使这一次楚国打胜了，那就跟齐国结下了仇（chóu），以后就战争不断了，这对楚国很不利。要是被齐国打败了呢？那就更糟糕了。所以，子文决定，能不打就不打。

双方的军队从春天到夏天，一直都没打仗，田里

赖　lài　把不是别人的错误强加给别人。

的麦（mài）子都熟了，士兵们无心打仗，都想回家收麦子。

麦子　màizi

最后子文建议跟齐国讲和，楚成王同意了。于是再次派出屈完去谈判。

楚国主动认错，希望讲和。还表示，楚国是周朝的一部分，以后楚国愿意每年都向周王室进贡包茅十车。楚国愿意跟齐国签订（qiāndìng）和平条约，以后互不侵犯。楚国停止侵略郑国，希望齐国也从蔡国撤出。

楚国来认错了，要求讲和。管仲觉得虽然没有打仗，但是已经很有面子，于是就同意讲和，跟屈完签订了和平条约。管仲带着北方联军回去了。战争终于没有发生。

公元前645年，齐国的管仲死了。

过了两年，齐桓公也死了。齐桓公死得很惨，重病的时候没有人管他，他是被饿死的。齐桓公死后，他的儿子们开始争夺国君的位子，那几个没争上国君的儿子害怕被杀，都跑到楚国去了。楚成王够意思，让他们都当上了大夫。

齐国从此走向没落，不能跟楚国争霸。于是，楚国成了霸主。

签订　qiāndìng　订立条约或合同并写下名字。

晋（jìn）国在外逃亡的公子重耳离开齐国，一路辗转来到了楚国（见本丛书《晋国的故事》）。重耳的团队人才济济，楚成王很喜欢他们，对他们很客气，以最高的礼仪来接待他们。

在一次宴会上，楚成王问重耳："以后回到晋国，如果当了国君，怎样报答楚国？"

重耳回答："将来如果两国不幸交战，我会退避三舍，如果大王还要打，我只好跟大王决一死战了。"

楚国的大臣们听了都非常生气：我们对你们这么好，你竟然要跟我们决一死战。有人当场就要杀重耳，被楚成王制止（zhìzhǐ）了。

楚成王没有生气，他觉得重耳说的是实话，没什么错。这样的人要是被楚国杀了，会被天下人笑话。

当时楚国的令尹是成得臣。这个成得臣也是斗家的人，因为作战有功，所以子文向楚成王推荐他当令尹，自己退了下来。

成得臣害怕重耳等人将来回到晋国以后，会成为楚国的强劲对手，对楚国不利，准备找机会杀死他们。

楚成王不准成得臣杀他们，并让重耳他们去了秦（qín）国。

过了不久，重耳在秦国的帮助下回到了晋国，当

制止　zhìzhǐ　让别人停止，不可以这样做。

了国君，他就是晋文公。

晋国在晋文公领导下很快强大起来，果然成了楚国的劲敌。

公元前632年，楚成王带领几国联军攻打宋（sòng）国，包围了宋国都城。宋国人死守都城，同时派人到晋国求救。

晋国决定救宋国，但是他们不想直接跟楚国打仗，他们决定攻打楚国的盟国曹（cáo）国和卫国。如果楚国来救卫国，那么就会从宋国撤兵。

楚成王现在碰到了难题，盟国有难应该去救，不然以后就没有人把自己当作盟主了。可是攻打宋国这么久，没有打下来，就这样撤军了，真不甘心。他知道重耳这个团队很厉害，人才济济，自己没有打败他们的把握。

最后，楚成王决定，把楚军分成两部分，一半由成得臣带领继续围城，另一半由他自己带队去救卫国。

到了卫国，楚成王听到了两个坏消息。第一个坏消息是：晋军的元帅是先轸（zhěn）。楚成王知道先轸是一个了不起的军事人才，整个楚国没有一个人能比得上他。自己即使带全部人马来，也可能要吃败仗。

元帅 yuánshuài 所有军队的领导，指挥军队的大官。

第二个坏消息是：晋国的盟国齐国正从东边来卫国，秦军正从西边赶过来。如果等他们靠近了，楚军就会被包围。

楚成王知难而退，带领军队退出了卫国。

“知难而退”这个成语就是从这里来的。

楚成王心里清楚，重耳这个团队有德又有才，还有上天的帮助，不应该跟他们对抗。楚成王命令成得臣的部队也撤退。

可是成得臣不听命令，一定要打，不肯撤退。楚成王虽然非常生气，可是没办法，就把那一半的军队给了他。

成得臣的军队从宋国来到了卫国。

见到楚军，晋国人果然没有忘记自己说过的话，退避三舍，往后撤了 90 里。

可是成得臣不知道进退，还是紧追着不放，结果被晋军打得大败。这就是历史上有名的城濮（pú）之战。这一仗使楚国丢掉了霸主的地位，楚国被晋国取代了。

成得臣自杀了。

公元前 628 年，晋文公重耳死了。他团队中先轸等人，在这前后也差不多都死了。晋国也开始走下坡路。

楚成王又开始争霸。

有一天，楚成王忽然想到：齐国的齐桓公实在是不聪明，迟迟不立太子，结果引起了内乱，最后被自己的儿子饿死了。这样的事不能在楚国发生。所以楚成王决定，自己要尽早立太子。

他想立大儿子商臣为太子。

他问令尹斗勃（bó）有什么意见。

斗勃说："大王，我看您还是不要这么着急，您还年轻。您的夫人那么多，现在就立了太子，以后想换人就有麻烦。再说，商臣这个人，蜂（fēng）目豺（chái）声，这样的人很残忍（cánrěn），我看不行。"

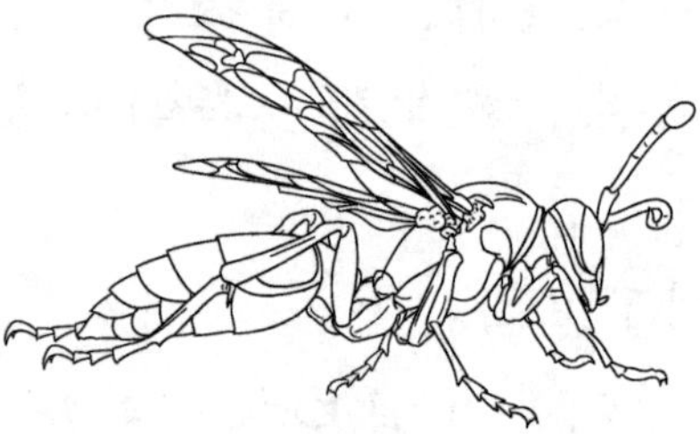

蜂　fēng

"蜂目豺声"是什么意思？

就是眼睛像蜂的眼睛，说话的声音像豺狼，豺是一种像狼的动物。

这当然不是好的长相。古人很流行以长相看人。

楚成王没有听斗勃的。他心里想，我立了太子，以后就决不会再换人。再说，长得差一点儿有什么关系？这又不是选美。

于是商臣成了太子。

残忍　cánrěn　很坏，不怕杀人做坏事。

斗勃的话被商臣知道了，商臣非常生气。心想："说我蜂目豺声，我一定要找机会杀了你。"

后来，斗勃真的被商臣整死了。斗勃死得很冤(yuān)。

楚成王的夫人真的太多，不过不是每一个夫人他都喜欢。最近他喜欢的夫人有一个儿子叫职。这位夫人要楚成王废（fèi）了商臣，立公子职为太子。楚成王被她搞得没办法，竟然答应了。

商臣得到了消息，心里很恐慌。他把老师叫来商量怎么办。

"你能让出太子位，接受公子职的领导吗？"老师问道。

"不能。"

"你能逃亡到国外，去外国当一个大夫吗？"老师又问。那时候公子们逃到国外避难，外国通常都会给他们一个大夫的职位。

"不能。"

"那么，你能干大事吗？"老师问。

"干大事"是什么意思？就是杀掉父亲，夺得王位。

"能。"商臣说得很坚决。

这一年十月，商臣用自己掌握的部队包围了王宫，

冤 yuān 没有什么错，却受到了惩罚。

把楚成王关在房间里，不能跟任何人联系。后来连吃的喝的都不送了。

楚成王很后悔，自己本来不想跟齐桓公一样，可是做梦都没想到，到头来竟会跟齐桓公是一样的下场。

他要见儿子商臣。可是商臣不见他。他提出要吃好的，做一个饱死鬼。

商臣说没有，让人给了他一条绳子。

什么意思？让他自杀。

楚成王自杀了。这一年是公元前626年，他只有57岁，被自己的儿子给逼死了。商臣这家伙真的很残忍。

楚成王是一个强国的君王，跟齐桓公和晋文公一样，是有才能的国君。

商臣当了楚王，他就是楚穆（mù）王。

一鸣惊人

晋国自从晋文公重耳死后，国家大权渐渐落入了大臣的手里。国君的力量越来越小。

楚国的情况怎么样?

楚国王族的力量也很强大，特别是斗家，一直掌握着楚国的军事大权。斗家家族的力量，比楚王更强大。

楚成王的时候，因为子文是一个好人，斗家对楚王没有威胁（wēixié）。但是后来情况就改变了。从成得臣开始，他们就对楚王不满意，不听楚王的话了。

城濮之战前，楚成王让成得臣撤军，成得臣竟然敢不听命令，非要去打晋国。结果这一仗大败。

斗家是楚王的一块心病。

公元前612年，楚穆王也死了，他在位12年。他的儿子熊侣（lǚ）当了国君。熊侣就是楚庄（zhuāng）王。

第二年，楚国发生叛乱（pànluàn）。叛乱者是楚庄王的叔叔和斗家的斗克。这两个人因为没有得到重用，心里很不满意。他们倒不想杀楚庄王，而是想杀令尹子孔。结果，叛乱失败，这两个人没杀成子孔，急急忙忙地带着刚刚当上楚王的熊侣逃出郢都。

不久，这两个叛乱者被杀，楚庄王才回到了郢都。

一鸣惊人 yìmíng-jīngrén 平时好像没有什么，可是一下子变得非常了不起，让人吃惊。鸣：鸟叫。

威胁 wēixié 对人有危险。

叛乱 pànluàn 武装反对政府。

这一次，楚庄王受到不小的惊吓，这以后很长时间他仍然记得，当初斗克恶狠狠地对他说："我们斗家只要动一根手指头，就可以杀死你。"

斗家确实有这个实力。当国君真是危险呀。

现在斗家的斗越椒（jiāo）当了令尹，这个斗越椒可不是什么好人，他的野心很大。

斗越椒是子文的弟弟子良的儿子。

当初斗越椒出生的时候，子文看过以后对弟弟说："这孩子不行，粗壮（cūzhuàng）得像熊虎，哭出来的声音像狼叫。你没听人说'狼子野心'吗？这孩子以后一定有野心，必须杀了他。要不然以后我们整个家族的人都会受他的连累，会被灭族。这孩子不能养！"

"狼子野心"这个成语就是从这里来的。

那时候，如果一个人有罪，可能全家、全族的人都会被杀死。所以，子文非常担心整个族人的命运。

子良听了很不高兴，跟哥哥说："你说什么呢！不是你自己的儿子，你当然不心疼，一个好好的孩子，为什么杀死他？要杀你杀自己的儿子去！"

兄弟两个从此闹翻了。

子文没办法。眼看着斗越椒渐渐长大了，子文越看越觉得这孩子今后会害整个家族。所以，他临死的时候对自己的家里人说："如果有一天斗越椒当了令尹，你们就赶快逃到外国去吧，不然一定会受他连累。”

这样一来，斗越椒把子文一家都恨死了。

这些事情，楚庄王都知道。

楚庄王心里很害怕，令尹斗越椒的势力很强大，比较起来自己的力量太弱。所以他决定先不跟斗越椒斗，让他以为自己是一个没有用的昏君。

所以，回到郢都以后，楚庄王一直就待在宫里，不分日夜跟女人们混在一起，一点儿都不管国家的事，整整三年，他只发出一条命令：“有敢谏（jiàn）者死无赦（shè）。”意思是，谁要是来劝我，我就杀了他。

有些大臣心里很着急，可是谁也不敢去劝他。有些大臣心里很高兴，既然国君什么事都不管，他们正好可以做坏事。

楚庄王三年，楚国大旱（hàn），天不下雨，连吃饭都有问题了。再这样下去，楚国就危险了。

大臣伍举进宫去，只见楚庄王左边抱着郑国的美女，右边抱着越国的美女，坐在钟（zhōng）鼓（gǔ）之间，一大堆美女围着。

为什么坐在钟鼓之间？

钟和鼓都是乐器。“钟”是编钟，不是一个钟，而是一套钟，从低音到高音，挂在架子上。有人敲击演奏（zòu）音乐。现在武汉的博（bó）物馆（guǎn）里还能

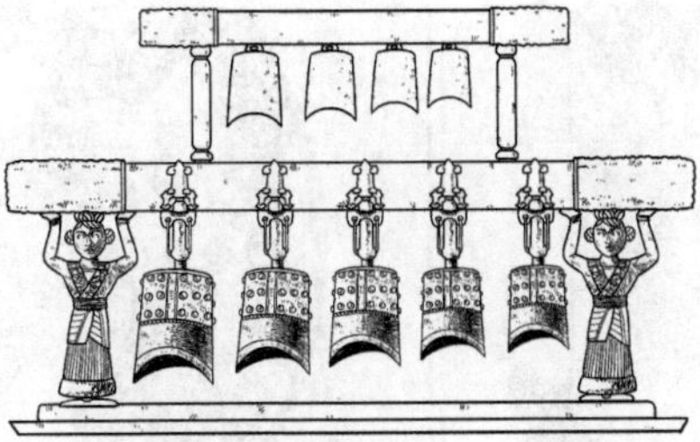
编钟 biānzhōng

见到出土的战国编钟。那音乐真的非常好听。

楚庄王见伍举进来，问道：“你来做什么？”

伍举本来是想劝楚王不要再这样下去，国家已经很危险了。可是他不敢直说，因为楚王说过，谁来劝他，就杀谁，决不留情。

“大王，我来让您猜（cāi）一个谜（mí）语。”伍举说。

“什么谜语？你说。”楚王好像对猜谜语很有兴趣。

“有一只鸟在山洞里，三年不飞也不鸣叫，那是什么鸟？”伍举看着楚庄王。

“三年不飞，一飞冲天。三年不鸣，一鸣惊人。你走吧，我知道了。”楚庄王说。

伍举退了出来，心里暗暗高兴，因为楚庄王已经听懂了，而且答应要“一飞冲天”。

成语“一飞冲天”“一鸣惊人”就是从这儿来的。

可是，几个月时间过去了，楚庄王并没有改，还是白天黑夜都跟美女们混在一起。既没有飞，也没有鸣。

楚国的灾情更加严重了，东边和西边的戎（róng）族部落纷纷发生叛乱。西南边庸（yōng）国等小国也乘

猜谜语 cāi míyǔ 让别人猜一猜这是什么。

机来攻打楚国。

大家都非常着急，非常失望。大夫苏（sū）从决定冒死去劝楚庄王。

“你不知道我的命令吗？”楚庄王说。

“我知道。”

“那你不害怕吗？”

“我害怕。可是如果我能使大王明白过来，就是死了也值（zhí）了。”苏从说。

楚庄王站了起来，他没有杀苏从，而是推开了身边的美女。

“上朝。”楚庄王说。

“上朝”是什么意思？就是国君和大臣们一起上班，讨论国家大事。正常的情况下，每天一早就要上朝。这是很重要的，大臣们谁都不敢迟到。

可是，三年来楚庄王一次都没有上过朝。国君不上朝，大臣们自然就都不用上朝。时间长了，大家懒散惯了，一下子人都找不齐。

好不容易多数人都来了，楚庄王开始让他们汇报（huìbào）工作，让每一个人说一说自己负责的那部分工作怎么样了，一个一个讲。

三年来很多人都在混日子，没好好工作，一时真

汇报　huìbào　向上级报告工作。

汇报不上来。很多事情一问三不知。

有的人就开始胡编乱造，瞎（xiā）说。

有的人很诚实，不知道就说不知道，表示回去一定好好查一查。

真正能说得明白的人很少。

天都黑了，大家都觉得累了，可是楚庄王好像一点儿都不累，他的身体看起来很好。

这样，每天上朝听大夫们汇报工作，一天又一天，一直坚持了十多天。终于汇报完了。楚庄王接下来做什么？

《史记》说："所诛（zhū）者数百人，所进者数百人。"

意思是：楚庄王杀了几百个人，提拔了几百个人。

被杀的大概都是那些胡编乱造、说瞎话骗人的大臣。谁叫他们说瞎话呢！

被提拔的大概是那些工作负责的大臣。伍举和苏从都得到了提拔，楚庄王让他们管理政务。

首先出兵抵抗（dǐkàng）外国的入侵。楚庄王亲自带兵打败了敌人，并且在第二年消灭了庸国，把它并入了楚国。

问鼎中原

过了三年，楚国的经济好转。楚庄王就想争霸中原了，因为晋国这时候已经不再强大，也没有很好的军事人才了。

为此，楚庄王两次派出军队，攻打晋国的盟国陈（chén）国、宋国。他要试试晋国人的态度。

结果，晋国人没有勇气打仗，两次出兵以后又都撤回去了。

楚庄王心里很高兴，他知道晋国人确实不能跟过去相比了。可是晋国仍然是楚国称霸最强劲的对手。

公元前606年，楚庄王决定亲自带兵去攻打陆（lù）浑（hún）戎。

陆浑戎在哪里？

在现在的河南伊川（Yīchuān）西南。

“戎”是一个民族，他们跟周人不是同一个民族。这陆浑戎跟周朝的首都洛邑（Luòyì）相邻。

陆浑戎跟楚国并不挨着，也没有去打过楚国，楚国为什么要去打他们？

因为他们常常去打周王室。楚国这是主动替周王室去打他们。

楚国一方面要向周天子和全天下表示，现在天下老大不是晋国，而是楚国。另一方面通过这次军事行动，楚庄王要控制（kòngzhì）军队，增强自己的力量，

控制 kòngzhì 掌握住不使任意活动或超出范围。

削弱（xuēruò）斗越椒的力量。

楚军北上要经过洛邑，楚庄王派人去向周天子借路。

这时周王室力量已经很弱，连陆浑戎都对付不了，现在楚国愿意替周王室去打陆浑戎，周天子当然高兴，同意借路。

楚国军队走到洛邑南郊就停了下来。为什么？

楚庄王要阅兵（yuè bīng）。

什么是阅兵？就是让军队和战车排得整整齐齐，从自己面前走过去。

为什么要在周王室的地方阅兵？

很明显，是想显示楚军的力量，告诉天下诸侯，楚军是最强大的。

洛邑的老百姓纷纷跑去看热闹。周王很恐慌，派大臣王孙满作为代表去观看，并且监（jiān）视楚国人。

王孙满这个人当时很有名，很有学问，楚庄王很喜欢他。两个人一边阅兵，一边聊天。聊到后来，楚庄王说："有一件事我想问问。"

"什么事？"王孙满说。

"当初大禹（yǔ）造九鼎（dǐng）代表天下九州，九鼎现在就在洛邑城里。其中荆州（Jīngzhōu）鼎代表楚国

削弱　xuēruò　使它变弱。

监视　jiānshì　派人去看着，看看有没有问题。

那一片地方，请问这鼎有多大、多重呢？”楚庄王问道。

“鼎”是什么？

鼎最早是用来煮（zhǔ）食物的容器，是青铜的。后来作为礼器，就代表王权。

“大禹”是谁？

大禹是4000多年前古代华族部落的领袖，曾经治服洪（hóng）水。据说大禹收集天下的铜，做了九个鼎，来代表天下九州。

从那以后，鼎就代表天下。夏、商、周三个朝代，都把这九鼎当作传国之宝，鼎就代表天子的权力。

谁要是问鼎怎么样，就是有野心，想得到天下。

听楚庄王问这样的问题，王孙满吃了一惊，说：“鼎的重量并不重要，重要的是德。”

楚庄王自以为军力强大，不服气地说：“其实鼎没有什么了不起，我们楚国军队，把武器的头拆下来，就可以造九鼎了。”

王孙满不客气地说：“有德（dé）才可以有鼎，无德就会失去鼎。大禹有德，可以造鼎。夏桀（Jié）无德，鼎到了商。商纣（Zhòu）无德，鼎到了周。周朝初

有德　yǒu dé　有品德，品行好。

桀　Jié　夏朝最后一个王，很坏，没有品德。

纣　Zhòu　商朝最后一个王，很坏，没有品德。

年定鼎的时候，是占卜过的，周朝该有30个王，700年时间。现在还没有到呢。天命没有改，鼎的重量不是你该问的。”

所以，“问鼎”就是想夺取天下的意思。

楚庄王虽然有问鼎的野心，可是他自己也知道，楚国还没有争夺天下的实力，所以只好嘴上说说算了。

以楚军的力量，打陆浑戎当然很轻松。没费多大劲，就解决问题了。

楚庄王这一次最大的收获是控制了军队。一路上他都跟将军士兵们在一起，很得军心。

斗家被灭

回到楚国，楚庄王决定除掉斗越椒，这个人越来越危险了。

斗越椒确实有野心。子文的儿子斗般当令尹的时候，斗越椒不服，跟蒍（wěi）贾（gǔ）一起害死了斗般，自己当了令尹。

斗越椒已经看出来楚庄王要杀他，所以他跑了，跑到斗家的领地，集结自己家族的军队，准备去攻打楚庄王。

楚庄王派蒍贾去找他。他杀了蒍贾。

楚庄王又派出一个特使去跟斗越椒讲，愿意用楚王室的三个王子当人质（zhì），请斗越椒回来继续当令尹。

斗越椒拒绝了，他心里明白，这只是楚庄王抓他的办法。

于是楚庄王带领大军去攻打他。在战场上，双方军队排列开来，楚庄王站在车上准备敲鼓。

敲鼓做什么？

古时候打仗，用鼓声来指挥战斗。听见鼓声就进攻，冲向敌人。

楚庄王敲鼓是想命令部队进攻。

斗越椒远远地看见了楚庄王站在车上，心想：我

人质 rénzhì 一方强行留住对方的人，用来让对方接受自己的要求或条件。

一箭射死你。

他立刻就拉开弓，用力向楚庄王射去一箭。

只见这支箭飞向楚庄王，穿过车辕（yuán），穿过鼓架，“噔（dēng）”的一声射在鼓上。把楚庄王吓了一跳。

斗越椒从小练习射箭，箭一向射得很准。这次因为比较远，所以没射着，只差一点点。

斗越椒马上又拿出一支箭，拉开弓，向楚庄王射出了第二箭。这支箭又偏了一点点，射在了楚庄王的车盖上。

楚庄王大声喊道：“当初先君文王战胜息国的时候，得到三支好箭，被他偷去两支，他的两支箭已经射完了。”

不等斗越椒射出第三箭，楚庄王这边的一位将军也射出了一支箭，他射得很准，正好射中斗越椒的脸，斗越椒倒下了。

楚庄王敲响了战鼓，士兵们冲了过去。

斗越椒死了，斗家的族兵们失去了指挥，开始往后逃命。

斗越椒失败了，整个斗家被灭族。

斗越椒的野心，真的连累了斗家全族。就像几十年前子文说的那样。

子文怎么能从一个人的外表看出他是不是有野心

呢？我们真的弄不明白。可是子文的话连他的子孙也不相信，因为后来斗越椒当令尹的时候，子文的儿子和孙子们并没有离开楚国。

斗越椒有一个儿子，逃到了晋国。晋国人很欢迎他，让他当了大夫。

子文有一个孙子叫斗克黄，楚庄王派他到齐国访问，当时他正在齐国。回来的时候走到宋国，听说斗越椒造反，斗家被灭族，手下的人都吓坏了，劝他说："你要是回去，就没命了。不要回去了，快逃命吧。"

斗克黄说："我是受君主的命令出使齐国的。君主就是上天，上天是可以逃避的吗？我认命了。"

他回到了楚国，回复了使命之后，自己主动到法官那儿，请求把他关起来。

楚庄王知道了，想起子文的功劳，说："子文这么好的一个人，如果没有后代，我以后怎么来劝大家做好人呢？"

楚庄王没有杀斗克黄，而是让他继续当官。

灭了斗越椒，楚庄王心里的一块石头落了地。他在王宫里设宴请有功的将士，还拿出自己收藏多年的好酒，请大家喝个够。大家又喝酒又唱歌，从下午一直喝到晚上。差不多人人都喝醉了。

楚庄王一高兴，把自己最喜欢的美人叫来，劝大家喝酒。一看到美人，大家更来劲了，又喝了不少酒。

这时候忽然吹过来一阵风，把所有的灯都给吹灭了。那天晚上没有月亮，宴会上一下子变得完全黑了，伸手不见五指。

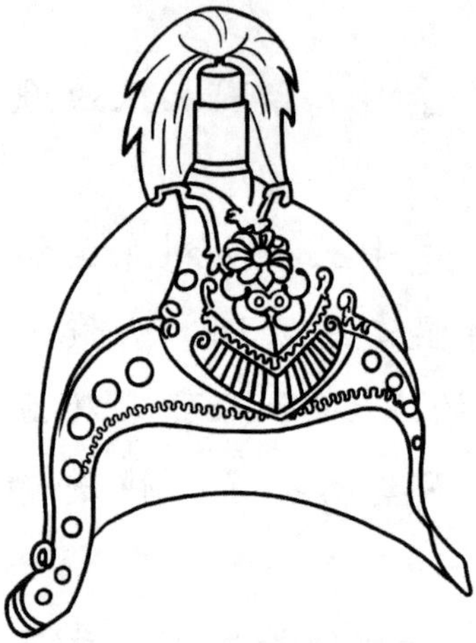

头盔　tóukuī

就在这时，美人忽然觉得左边有人拉她的袖子，一张满是酒气的嘴向自己的脸伸过来，想趁黑来亲她。美人一扭（niǔ）头闪开了，伸手去推他的脸，可是没推到脸，却推到了他的头盔（kuī）。美人顺手抓住他头盔上的红缨（yīng），一把拔了下来。那人吃了一惊，赶紧躲开了。

头盔是什么？

头盔是古代武将打仗时头上戴的帽子，头盔的顶上有一些红的毛，就是红缨。因为这次是庆祝打仗胜利，所以所有人都穿着上战场的衣服。

美人跟站在她右边的楚庄王说："大王，有人想趁黑亲我，我把他头盔上的红缨拔了下来，等一会儿点了灯，一看谁头盔上没有红缨，就知道是谁了。"

楚庄王听了，却大声说："各位，今天大家喝酒喝得开心，我命令大家，把自己头盔上的红缨拔下来，听见了吗？”

“听见了。”喝醉了的大臣们不明白，把头盔上的红缨拔下来干什么，不过他们还是摘下头盔，把红缨拔了下来。

过了一会儿，灯终于重新点亮了。美人一看，所有人头盔上都没有红缨。

宴会后，美人问楚庄王：“大王为什么不把那个人抓出来？”

楚庄王说：“我劝大家痛痛快快地喝酒，结果大家都喝多了。喝醉的人，做出失礼的事情来，我却要杀人家，这太不讲道理了。你不要太在意啊。”

楚庄王真是一个明白大度的君主。这件事不仅使那个大臣很感激，后来大家听说了，也都很感激。

过了三年，楚国和晋国交战，有一位将军非常勇敢。他冲在最前面，奋勇杀敌，楚国最后获得了胜利。

楚庄王问那个将军：“我的德行不够，又没有特别优待你，你为什么为我出生入死到这样的地步呢？”

那位将军回答：“我本就该死！从前喝醉酒对您的夫人失礼，那天晚上被摘掉头盔上红缨的人就是我呀！大王，您大度没有杀我，我因此常常希望自己能够死在战场上，用身上的热血来报答您。”

楚庄王没想到，自己的做法会有这么大的作用。

所以，对人宽容是一种美德。

孙叔敖治国

斗越椒死了，谁来当令尹呢？

楚庄王不想让王族的人当令尹了，害怕他们当了令尹后势力会越来越强大，像斗越椒那样。

他听说沈（Shěn）这个地方治理得很好，那儿的地方官叫虞（yú）邱（qiū），能为老百姓办事，老百姓都很喜欢他。

于是，楚庄王把虞邱提拔到都城来，让他当令尹。

现在楚庄王一心想着争霸中原。可是，楚国的经济情况不好，可以说很糟糕。

楚庄王明白，要想争霸，国家必须要有强大的经济实力。要不然，军队连饭都吃不上，怎么能打仗？

楚庄王希望虞邱赶快把经济搞上去。可是虞邱干了一年多，国家的经济一点儿都没有好起来。

有一天，虞邱来向楚庄王辞职（cí zhí）。

“为什么？”楚庄王问道。

“大王，我的能力管一个小地方还行，管这么大一个国家，我真不知道怎么做。这一年多来我很着急，可是一直拿不出办法来。”虞邱说。

“你辞职了，谁来当令尹呢？”

“大王，我已经找到人了。这个人非常有才能。”虞邱有点儿兴奋。

辞职　cí zhí　请求解除自己的职务。

“谁?”

“在海子湖边住着一位隐（yǐn）士，叫孙叔敖（áo）。这个人不但有才能，而且品德高尚，比我强多了。”

“你怎么知道?”

“我给您讲一个他的故事，您就知道了。”

于是，虞邱就讲了下面这个故事。

孙叔敖小时候有一次出去玩儿，在路上看见一条蛇。那时候蛇很多，外出经常可以看到蛇，所以没什么可奇怪的。

可是孙叔敖看到的，是一条有两个头的蛇。这种蛇很少见，当地人都说，谁看见这种蛇谁就会死。

现在我们都知道，这样的说法完全没有什么道理。可是当时有很多人都这样说。孙叔敖那时候还是一个小孩子，所以就相信了。

“完了，完了。我要死了。”孙叔敖惊恐地想。

他哭了，自己还没有长大，就要死了，怎么这么倒霉呀!

忽然他想起了什么，很快擦干眼泪，找到一块石头，把蛇打死了。然后，挖了一个坑（kēng），把蛇埋了起来。

回到家里，孙叔敖仍然很难过，坐在一个角落里等死，忍不住又流出了眼泪。

隐士 yǐnshì 住在民间的高人。

母亲看见这孩子今天很奇怪，以前从来没有这样过呀，是被别人欺负了吗？

“孩子，你今天怎么啦，为什么哭？”母亲问。

孙叔敖把看见两头蛇的事说了一遍。

“蛇在哪里呢？”母亲问。

“我怕再有人看见它，就把它杀了，埋进土里了。”孙叔敖说。想不到一个自己都快要死的人，还能为别人着想。

“孩子，你真是一个善良的人。你这么善良，上天是不会让你死的。别怕，你不会死的。”母亲对孩子说。

孙叔敖当然并没有因为看到一条两头蛇死去。不过，这个故事非常有名，不仅当时很多人知道，2000多年来人们一直用它来教育孩子们。

楚庄王听了这个故事也很感动，他决定要见一见孙叔敖。

过了几天，孙叔敖被请到了郢都。当时他很年轻，大约只有20多岁。楚庄王跟他谈了好几天，谈到当时的形势，谈到国家管理，谈到发展经济的办法，谈到战争，等等，楚庄王觉得他真是一个人才。

于是，楚庄王让孙叔敖当了令尹。

孙叔敖是楚国继子文以后的又一个非常有成就、受人们称赞的令尹。

一个住在农村的老百姓，一下子当了楚国最大的官，这个消息轰（hōng）动了郢都，很快也传遍了楚国的乡村。不久又传到了国外。总之，人人都觉得楚庄王能够不看地位选人才，也觉得孙叔敖是个了不起的人。

人们纷纷到孙叔敖家去祝贺他，当然大家都会说很多好听的话。

可是孙叔敖自己并不轻松。他从来没有当过官，更没当过这么大的官，能不能当得好，他不知道，所以心里七上八下的。

有一天，忽然来了一个白胡子老头儿。这个老头儿让孙叔敖很不高兴，因为他穿着白粗布的衣服，戴着白帽子。

这是丧（sāng）服。只有家里死了人，才会穿这样的衣服。穿这样的衣服是不能到别人家去的，会使人家倒霉的。

"老先生，您找谁？"孙叔敖虽然不高兴，但还是很客气。

"我找的就是你。"老头儿说。

"您为什么穿这样的衣服？"

"别人都说你好，我来说点儿你不爱听的，让你不要昏了头。"老头儿说。

轰动　hōngdòng　惊动了很多人，大家都知道了，大家都很惊奇。

孙叔敖一听，觉得这老头儿不简单，就说："您想跟我说什么呢？"

"年轻人，我告诉你，别以为当了令尹就是好事。弄不好死了都不知道怎么死的。要不然我怎么会穿这样的衣服来见你？我是警（jǐng）告你呀。"老头儿穿成这样是故意的，为的是让孙叔敖注意。

"您想告诉我什么？您说吧。"

"如果地位高了，就觉得自己了不起，人们就会离开他。当了官就把大权集中在自己一个人身上，君王就会讨厌（tǎoyàn）他。薪俸高了还不满足，危险就会到来。想想吧，斗越椒是怎么死的？"老头儿说。

"您说得对，那么我应该怎么做呢？"

老头儿说了三句话："位益（yì）高而意益下。官益大而心益小。禄（lù）厚（hòu）而慎（shèn）不敢取。"

"益"是更加的意思，"禄厚"就是薪俸高，"慎"是小心的意思。

老头儿说的话的意思是：地位越高，越要虚心听别人的意见。权力越大，越要小心。薪俸越多，越不能贪污（tānwū）。"

"您说得太对了。"孙叔敖很激动。这些日子以来，

警告　jǐnggào　提醒别人，叫别人注意，不要这样做。
讨厌　tǎoyàn　很不喜欢。
贪污　tānwū　把国家的钱偷偷地变成自己的钱。

那些来祝贺的人弄得他心烦意乱，只有这老头儿给了自己最需要的东西，这三句话他会记一辈（bèi）子。

这三句话说起来容易，其实做起来难。很多当官的人都知道这个道理，但是他们做不到。

不过孙叔敖做到了，他跟子文一样，当官不是为了自己的利益，所以他能做到。

孙叔敖当令尹以后，首先想到的是发展农业，改善民生，让老百姓过上好日子。

楚国这地方多雨，常常闹水灾。但是有时候却又很久不下雨，闹旱灾。因此农业生产受到很大影响，闹灾的年份，粮食没有收成，老百姓可能会饿死，国力受到严重的影响。

孙叔敖在当老百姓的时候，就为怎么解决这个问题日思夜想，他在自己的家乡爬山过水，看过不少地方，最后他想出了办法——兴修水利。

河堤　hédī

什么是兴修水利？

就是把江河互相连起来，在低的地方修堤（dī），建成一个个湖，小的湖也就是池塘（chítáng），楚国人叫作陂（bēi）。

这样，雨水多的年

份，雨水可以存（cún）进这些湖和池塘里，多出来的水顺江河流走，就不会闹水灾。不下雨的年份，用湖里的水灌溉（guàngài）农田，就不会闹旱灾。

兴修水利是非常大的工程，2600多年前没有机器，没有好的工具，兴修水利非常不容易，需要很多人干很长时间。

孙叔敖虽然找到了办法，可是他一个老百姓，要组织大家去修水利，谁会听他的？

他建议家乡的地方官组织大家修水利，地方官摇摇头，说："年轻人，哪儿来这么多钱干这种事？"

现在好了，孙叔敖自己当了最大的官。他曾经跟楚庄王讨论过这件事，楚庄王非常支持他。现在他要用自己的权力来组织老百姓干这件大事。

首先在他的家乡期思，建成了中国最早的大型（xíng）水利工程——期思陂。

取得经验以后，又在各地兴修水利，其中最有名的是芍（sháo）陂。

芍陂原来是一片低地，孙叔敖发动几十万农民，修建大堤，连接东西两边的山，引来河水，造出了一个人工大湖。可以调节水量，既防水灾，又可以灌溉，这就是最早的水库（kù）。这个水库可以灌溉下面1300

灌溉 guàngài 把水放进农田里，使庄稼得到水。

多平方公里的平原。

经历了2600多年的时间，芍陂一直到现在还在使用。

由于兴修水利，楚国农业连年丰（fēng）收，百姓安居乐业，上下和合，没有盗贼（dàozéi），官员不敢贪污。

盗贼 dàozéi 偷东西、抢东西的人。

邲之战

自从楚成王在城濮被晋国人打败以后，北方的小国都跟晋国结盟，寻求晋国保护，晋国一直压着楚国。

现在楚国比过去强大了，楚庄王决心要打败晋国，称霸天下。

他决定先攻打郑国。郑国是晋国的盟国，又在楚国和晋国之间，只要楚军一包围郑国都城荥（xíng）阳，晋国人一定会来救。

公元前 597 年，楚军包围了荥阳，就等着晋国军队来。

可是晋国军队没有来。

郑国人早就派人去求救了，晋国军队为什么不来？他们不打算救郑国了吗？

实际上，晋国人正在左右为难。

如果不出兵，就等于失去了盟主地位。如果出兵呢，他们知道，现在楚国很强大，而晋国国内有很大的问题，实力已经远远不如从前了，恐怕很难打胜。所以他们不想打仗，他们希望郑国投降（tóuxiáng）。

楚军围城三个月，一直到郑国人投降了，晋国军队都没有来。

实际上晋军不是没有来，而是已经在路上，到了黄

投降 tóuxiáng 由于打不过，只好放下武器，举起双手，希望敌人不要杀死自己。

楚

河边上了，只要渡过黄河就到郑国了。

听说郑国人已经投降了，晋军的主帅就不打算渡河了，想回家去。可是他手下有一位将军不服气楚国人，也不服气主帅，竟然带着一部分晋军自己渡过黄河，去跟楚国人打仗了。

这怎么了得！这些人是有去无回呀。晋军主帅只好带领全军渡河，去支援他们。就这样，晋军没有准备好，而且有些将军不听指挥，就跟楚军展开了这场战争。这就是邲（Bì）之战。

结果当然是晋军大败。他们只好逃回去了。楚庄王没有乘晋军渡河的时候再一次发动攻击。

有人建议，把被杀死的晋军士兵尸（shī）体收起来埋好，在上面建一座胜利纪念碑（bēi），向后代显示自己的功业。

楚庄王不同意。

他告诉大臣们，战争是为了和平。没有德而去跟诸侯争强，怎么能够使人服你呢？所以，不能立什么纪念碑。

他让人盖了一座很简单的房子，祭祀完祖先，就回去了。

纪念碑 jìniànbēi

主帅 zhǔshuài 军队的主要领导人。

邲之战以后，楚国替代晋国成了霸主。

孙叔敖的时候，可以说，是楚国最富足的时代。可是孙叔敖自己却很穷，老婆孩子没什么好衣服穿，也没什么好东西吃。家里没什么财（cái）产，他死的时候连好一点儿的棺材（guāncai）也买不起。

这么多年来，贪污的机会很多，受贿（huì）的机会很多，可是他没有这样做，连楚王对他的奖赏（jiǎngshǎng）都不要。

看到国家富强了，老百姓生活比以前好了，他就已经非常满足了，他不觉得自己应该比别人高一等。

孙叔敖在临死前对儿子说："我没什么留给你，你也没什么才能，我死后你一定会更穷。要是实在穷得过不下去了，你可以去找优孟（mèng），他会帮你的。"

优孟是谁？

"优"就是演员，演戏（xì）的人，"孟"是他的姓，所以大家叫他优孟。优孟是孙叔敖的朋友。

孙叔敖死后，他儿子靠卖柴为生，日子越过越苦，后来真的过不下去了，只好去找优孟。

优孟看到孙叔敖的儿子，大吃一惊，没想到他混得这么不好，都像要饭的了。他给了孙叔敖的儿子一

棺材　guāncai　放死人的大箱子。
受贿　shòu huì　官员拿别人的钱。
奖赏　jiǎngshǎng　把钱或者好东西给有功的人。

些钱，答应要帮他，叫他回去等消息。

优孟开始做准备。做什么准备？

他要假装成孙叔敖的样子，去见楚庄王。必须装得很像才行，包括（kuò）神态、走路的样子、说话的声音等都要跟孙叔敖一样。他每天练习，练习了一年，终于非常像孙叔敖了。

楚庄王在宫里设宴，优孟穿着孙叔敖常穿的衣服，假装成孙叔敖，进去敬酒。

楚庄王大吃一惊，以为孙叔敖又活了过来。因为这几年一直找不到好的令尹，楚庄王非常想念孙叔敖。

“孙叔敖，你还活着？”楚庄王说。

“大王，我不是孙叔敖。”优孟说。

“怎么不是？你跟过去一样。”楚庄王一边说，一边把别人叫过来，让大家看是不是。

大家都说，真跟孙叔敖一样。

“大王，我真不是孙叔敖。孙叔敖死了好几年了，怎么还能活过来？我是优孟。”优孟终于说出了自己是谁。

优孟常常为楚庄王演戏，楚庄王也很熟悉他。楚庄王说：“不管你是谁，这样吧，你来当令尹。”

“大王，让我回家跟妻子商量一下，行不行？三天

包括 bāokuò 其中也有……。

以后来告诉您。”优孟说。

楚庄王同意了。

三天后，优孟来了。可是，他说他老婆叫他千万别干。

“为什么？”楚庄王说。

“她说楚国的令尹当不得，像孙叔敖那样忠心地干了一辈子，帮助楚王成为霸主。结果死了以后，家里穷得什么都没有，儿子靠打柴为生，跟要饭的差不多。这样的令尹不能当。”

楚庄王知道优孟的意思了，就马上派人去把孙叔敖的儿子找来，把孙叔敖墓（mù）地周围400户人家封给他，让他能够过上小康的日子，能够祭祀自己的先人。

公元前591年，楚庄王突然病重，这年秋天就死了。

楚庄王死后，以后的楚王一代不如一代，楚国的国力很快就下降了。

公元前506年，吴（Wú）国入侵楚国，郢都被吴军攻下。吴军到处烧杀，楚国差一点儿亡（wáng）国（见本丛书《伍子胥和吴国的故事》）。

墓地　mùdì　埋死人的地方。

亡国　wángguó　国家灭亡了。

屈原投江

屈（qū）原（yuán）是楚国的王族，楚武王熊通有一个儿子被封在“屈”这个地方，因此后代都姓了屈。

屈原生活的时代，是战国后期，楚国快要亡国的时候。当时秦国非常强大，而其他国家的国力已经衰落（shuāiluò）。各国君主包括楚国在内，大都糊涂无能。

屈原在楚怀（huái）王的时候，担任左徒（tú），左徒是只比令尹小一点儿的高官。屈原很有学识，非常有才华，而且精通治国的道理。

楚怀王常跟他一起讨论国家大事。在屈原的努力下，楚国国力有所增强。那时候楚怀王还是很信任屈原的。

可是这引起了小人们的忌妒（jìdu）。楚怀王是一个糊涂国君，他身边有很多小人。以公子子兰（lán）为首的一些贵族，对屈原非常忌妒，常常在楚怀王面前说屈原的坏话。他们说屈原骄傲自大，根本不把楚怀王放在眼里。这样说的人多了，楚怀王对屈原渐渐不满起来。

于是楚怀王生气地远离了屈原，把他降职为三闾（lǘ）大夫。

衰落 shuāiluò 由好的方面向不好的方面发展。

忌妒 jìdu 看到别人有才能、地位比自己高、过得比自己好，就生气，心里怨恨。

屈原很正直，他痛恨那些不顾国家利益的小人，也痛恨楚怀王糊涂，不分是非，使正直有才能的人不能为国家做事。

屈原还是一位诗（shī）人，他生气苦闷（mèn），因此写下了中国历史上非常有名的长篇诗歌《离骚（sāo）》，抒发自己心中的怨愤。

那时候秦国很强大，要入侵楚国，屈原主张联合各国共同抗秦。秦国当然害怕各国联合，所以他们尽力破坏这种联合。

公元前 304 年，秦国派张仪（Zhāng Yí）到楚国，送钱给上官大夫和楚怀王喜欢的女人郑袖等人，同时想通过把自己国家领土的一部分让给楚国骗楚怀王，使楚国跟齐国断交。

楚怀王被骗了，秦国并没有把那部分领土给楚国。楚怀王很生气，两次出兵攻打秦国，但是都被打败了。于是又派屈原出使齐国，想跟齐国重新建立友好关系。

这时候，张仪又一次来到楚国，使齐楚联盟没能成功。楚怀王跟秦国签订了盟约。

公元前 299 年，秦王“请”楚怀王在武关相会。

屈原尽力劝楚怀王不要去。他说：“秦，虎狼之国，不可信，不如无行。”

苦闷 kǔmèn 苦恼烦闷，不开心。

可是楚怀王的儿子公子子兰，却尽力劝楚怀王去。结果楚怀王一到武关，就被秦军抓了起来，三年后死在了秦国。

太子当了楚王，他就是楚顷（qǐng）襄（xiāng）王，公子子兰为令尹。

屈原认为楚怀王的下场就是因为信任小人、不听别人劝告的结果，所以公开表示对令尹子兰等人的不满。

子兰很生气，在楚王跟前说屈原的坏话。楚顷襄王是一个更加糊涂的君主，把屈原流放到了更远的南方。

屈原流落到湘（xiāng）江边上，头发散着，在江边一边走一边念他的诗，这时候他身体很瘦，可是仍然在忧（yōu）国忧民。

一个渔（yú）夫看到他，问道："您不是三闾大夫吗？为什么弄到这个样子？"

屈原说："整个国家都糊涂，只有我明白。大家都醉生梦死，只有我一个人清醒。于是我就被流放了。"

渔夫说："你不应该太看不开呀，应该能够适应世道。整个国家都糊涂，你为什么不糊里糊涂过日子呢？大家都醉生梦死，你为什么不去喝酒把自己喝醉呢？没有必要死死抓着你的理想，弄到被流放的地步呀。"

流放 liúfàng 帝王把犯人放到边远的地方去。

忧 yōu 担心，为…发愁。

看来，这个渔夫也不是一个普通人，他的话代表了很多士人无可奈（nài）何的思想。

屈原说："刚洗过头的人，一定要拍拍帽子上的灰尘。刚洗过澡的人，一定会抖抖衣服。谁愿意让自己干净的身体，被外界灰尘弄脏呢？我宁可跳入滚滚的江水里喂鱼，也不能让自己的品格受到污染（wūrǎn）。"

在屈原流亡的时候，楚国的形势越来越坏。公元前278年，秦将白起攻打楚国，杀死几十万人，攻破楚国都城郢都，一把大火烧掉了历代楚王的坟墓。楚军被打得大败，退到了陈，把陈作为都城。

眼看着楚国就要完了。

看到自己国家的危难，屈原的政治理想破灭了，他对前途感到绝望，虽有心报国，却无力回天，只得以死明志。就在这一年，他跳进汨罗（Mìluó）江自杀了。

屈原自杀的那一天是五月初五，现在每年五月初五，人们都吃粽（zòng）子、划龙舟（lóngzhōu），据说就是为了纪念伟大的爱国者、诗人屈原。相传端午节就是这么来的。

屈原的作品有《离骚》《天问》《九歌》《九章》等，

无可奈何 wúkěnàihé 没有办法可想。
宁可……也不…… nìngkě……yě bù…… 可以……，可是不能……。
污染 wūrǎn 有害的东西混入空气、水源等而造成危害。

对后代诗歌和文学产生了很大的影响。

屈原死后几十年，公元前 223 年，楚国被秦国所灭。

从公元前 11 世纪到公元前 223 年，楚国一共经历了 800 多年的时间。

划龙舟　huá lóngzhōu

生词表

生词	拼音	页码
	B	
包括	bāokuò	80
	C	
猜谜语	cāi míyǔ	47
残忍	cánrěn	40
创业	chuàngyè	4
辞职	cí zhí	66
	D	
打猎	dǎ liè	14
大夫	dàfū	33
倒霉	dǎo méi	12
盗贼	dàozéi	74
得罪	dézuì	16
	F	
法律	fǎlǜ	28
俘虏	fúlǔ	18
	G	
改革	gǎigé	26
干脆	gāncuì	7
贡献	gòngxiàn	26
棺材	guāncai	79
灌溉	guàngài	72
	H	
轰动	hōngdòng	69
怀孕	huái yùn	24
汇报	huìbào	49
	J	
忌妒	jìdu	84
祭祀	jìsì	22
监视	jiānshì	53
僭越	jiànyuè	10
奖赏	jiǎngshǎng	79
桀	Jié	55
进贡	jìn gòng	22
警告	jǐnggào	70
	K	
控制	kòngzhì	52

附录：第三级1200字表

A

阿　啊　挨　矮　爱　安　岸　按　暗　傲

B

八　吧　拔　把　爸　白　百　摆　败　拜　班　般　搬
板　办　半　帮　傍　包　饱　宝　保　报　抱　杯　北
备　背　倍　被　本　笨　逼　鼻　比　笔　必　闭　避
边　编　变　便　遍　表　别　冰　兵　饼　并　病　脖
补　不　布　步　部

C

擦　猜　才　材　采　彩　踩　菜　参　餐　藏　草　厕
层　差　插　茶　查　拆　柴　产　长　尝　常　场　唱
抄　超　朝　吵　车　尘　沉　晨　称　趁　成　诚　承
城　乘　程　吃　池　迟　持　尺　齿　冲　虫　愁　丑
臭　出　初　除　处　楚　穿　传　船　窗　床　吹　春
词　此　次　刺　聪　从　粗　催　村　错

D

打　达　答　大　呆　待　代　带　袋　戴　单　担　胆

但 淡 弹 蛋 当 挡 刀 导 岛 倒 到 道 得
德 地 的 底 灯 等 低 敌 弟 递 第 点 店
钓 调 掉 跌 顶 订 定 丢 东 冬 懂 动 冻
洞 都 斗 抖 读 独 肚 堵 度 渡 端 短 段
断 堆 队 对 蹲 顿 多 夺 朵 躲

E

鹅 恶 饿 儿 而 耳 二

F

发 法 翻 烦 反 犯 饭 方 防 房 访 放 飞
非 费 分 纷 粉 份 奋 愤 风 封 夫 扶 服
福 府 父 付 负 妇 附 复 副 富

G

该 改 盖 概 干 赶 敢 感 刚 钢 高 搞 告
哥 割 歌 隔 个 各 给 根 跟 更 工 弓 公
功 攻 供 宫 共 沟 狗 购 够 估 姑 古 骨
鼓 故 顾 刮 挂 怪 关 观 官 管 惯 光 广
规 鬼 贵 跪 滚 过 国 果

H

还 孩 海 害 寒 喊 汉 汗 号 好 喝 合 何
和 河 盒 吓 贺 黑 很 恨 红 后 候 乎 呼

忽 胡 湖 糊 虎 互 户 护 花 化 划 画 话
坏 欢 换 荒 慌 黄 灰 挥 恢 回 悔 会 昏
婚 混 活 火 伙 或 货 获

J

击 圾 机 鸡 积 激 及 级 极 即 急 集 几
己 挤 计 记 纪 技 系 际 季 迹 济 既 继
寄 绩 加 家 假 价 驾 架 嫁 稼 尖 坚 间
肩 捡 检 减 剪 简 见 件 建 健 渐 箭 江
将 讲 奖 降 交 郊 骄 教 角 脚 叫 较 接
街 节 结 姐 解 介 界 借 斤 今 金 仅 紧
尽 进 近 劲 禁 京 经 惊 睛 精 景 净 竟
敬 静 境 镜 九 久 酒 旧 救 就 居 举 句
拒 具 据 卷 决 觉 绝 军

K

卡 开 砍 看 康 扛 抗 考 烤 靠 科 棵 颗
可 渴 克 刻 客 课 肯 空 恐 口 哭 苦 块
快 筷 宽 况 捆 困 扩

L

垃 拉 啦 落 来 拦 蓝 篮 懒 烂 郎 狼 劳
老 乐 了 累 泪 类 冷 离 礼 里 理 力 历

厉 立 丽 利 励 例 俩 连 怜 联 脸 练 良
凉 量 粮 两 亮 谅 辆 聊 料 邻 林 临 零
龄 令 领 另 留 流 六 楼 路 旅 绿 乱 论
轮

M

妈 吗 麻 马 骂 么 埋 买 卖 满 慢 忙 毛
冒 帽 貌 没 每 美 妹 门 们 梦 迷 米 秘
密 面 灭 民 名 明 命 摸 母 木 目

N

拿 哪 那 奶 男 南 难 脑 闹 呢 内 能 泥
你 年 念 娘 鸟 您 牛 农 弄 努 怒 女 暖

P

爬 怕 拍 排 派 乓 旁 胖 跑 陪 盆 朋 碰
批 皮 疲 脾 匹 片 偏 篇 骗 漂 飘 票 拼
品 乒 平 瓶 坡 婆 破 扑 普

Q

七 妻 戚 期 欺 齐 其 奇 骑 旗 起 气 弃
汽 器 千 牵 前 钱 浅 欠 枪 强 墙 抢 悄
敲 桥 切 且 侵 亲 青 轻 清 情 晴 请 庆
穷 秋 求 球 区 取 去 全 劝 缺 却 确 群

R

然 嚷 让 扰 绕 热 人 忍 认 任 扔 仍 日

容 肉 如 入 软 弱

S

撒 赛 三 伞 散 扫 嫂 色 杀 沙 傻 晒 山

闪 善 伤 商 上 烧 稍 少 绍 蛇 舍 设 社

射 伸 身 深 神 升 生 声 绳 省 胜 剩 失

师 湿 十 什 石 时 识 实 拾 食 史 使 始

士 示 世 市 式 势 事 试 视 是 适 室 收

手 守 首 受 瘦 书 叔 舒 输 熟 数 术 束

树 摔 双 谁 水 说 睡 顺 私 思 撕 死 四

送 诉 速 酸 算 虽 随 岁 碎 损 所 锁

T

他 它 她 台 抬 太 态 谈 汤 堂 糖 躺 趟

逃 讨 套 特 疼 梯 踢 提 题 体 替 天 田

甜 挑 条 跳 贴 铁 厅 听 庭 停 挺 通 同

铜 童 统 桶 痛 偷 头 透 突 图 途 涂 土

团 推 腿 退 拖 脱

W

挖 外 弯 完 玩 晚 碗 万 王 往 忘 望 危

为 围 伟 卫 未 位 味 胃 喂 温 文 闻 问
我 握 屋 无 五 午 伍 武 舞 务 物 误 雾

X

西 吸 希 息 悉 惜 习 洗 喜 细 下 夏 先
鲜 闲 显 险 县 现 线 献 乡 相 香 箱 响
想 向 像 消 小 校 笑 些 鞋 写 血 谢 心
辛 新 信 兴 星 行 形 醒 幸 性 姓 兄 胸
休 修 秀 袖 须 需 许 续 选 学 雪

Y

压 呀 牙 烟 严 言 颜 眼 演 宴 验 扬 羊
阳 养 样 腰 摇 咬 药 要 爷 也 野 业 叶
页 夜 一 衣 医 宜 移 疑 已 以 椅 义 异
易 意 因 阴 音 姻 银 引 应 英 迎 营 赢
影 硬 永 勇 用 优 由 油 游 友 有 又 右
于 鱼 雨 语 玉 预 遇 元 园 员 原 圆 援
远 怨 院 愿 约 月 越 晕 云 运

Z

杂 砸 灾 再 在 暂 赞 脏 糟 早 澡 造 责
怎 曾 增 摘 展 占 战 站 掌 丈 着 找 照
者 这 真 阵 争 征 睁 整 正 证 之 支 只

知　织　直　职　止　纸　指　志　治　中　终　种　众
重　周　猪　主　助　住　注　祝　抓　专　转　装　撞
追　准　捉　桌　子　自　字　总　走　租　足　族　组
祖　嘴　最　醉　尊　作　昨　左　坐　座　做